LE PREMIER HOMME DU MONDE,

OU

LA CRÉATION DU SOMMEIL,

FOLIE VAUDEVILLE

EN UN ACTE,

Représentée, pour la première fois, sur le Théâtre de l'Opéra-Comique National, le 9 Nivose an 9.

A PARIS,

Au magasin de pièces de Théâtres, rue des Prêtres St.-Germain-l'Auxerrois, n.º 44, en face de l'Eglise.

An IX.

Les Exemplaires ont été fournis à la Bibliothèque nationale.

PERSONNAGES.	ARTISTES.
ARLEQUIN, serpent d'une troupe de musiciens,	Bertin.
GILLES, premier homme du monde,	Dozainville.
COLOMBINE, première femme du monde,	Mlle. Philis.
UN CHANTEUR,	Gavaudan.
UN MUSICIEN compositeur,	Allaire.
TROUPE de musiciens,	Grangé, Kammerani, etc.

La scène se passe dans une campagne agréable, dont le site est Asiatique.

LE PREMIER HOMME DU MONDE,

OU

LA CRÉATION DU SOMMEIL,

FOLIE VAUDEVILLE

EN UN ACTE.

SCENE PREMIÈRE.

GILLES, *seul, bâillant au lever de la toile.*

Ah ! quel bonheur ! ah quelle jouissance !.. J'existe, il n'y a pas de doute. (*Il se touche le bras.*) C'est moi... encore moi.... toujours moi..... (*Il saute.*) C'est bien Gilles. La belle chose que l'existence ! Je marche quand j'en ai envie, je m'arrête quand je suis las, je mange quand j'ai faim, je bois quand j'ai soif, je reste en place quand je suis bien, et je me sauve quand j'ai peur.

(N°. 1.) AIR: *De la pipe de tabac.*

> Soir et matin de la nature
> J'admire les rares attraits ;
> Sur les prés je vois la verdure ;
> Et des arbres dans les forêts.

A 2

Je vois des poissons dans l'eau claire !
Dans les airs je vois des oiseaux,
Et quand je regarde la terre,
Je vois par-tout des animaux.

Ah ! en voici qui passent.

(On voit en effet passer divers animaux.)

(N°. 2.) AIR : *Ah ! rendez grace à la nature.*

Digne objet d'admiration !
Combien ce spectacle m'amuse !
Je vois l'âne près du lion,
Et le renard près de la buse.
Près des loups je vois des moutons ;
Vingt étourneaux près d'une pie ;
Je vois même quelques dindons
Figurer dans la compagnie.

SCÈNE II.

ARLEQUIN, GILLES.

GILLES.

AH ! ah ! en voici un d'une espèce que je ne connaissais pas.... Il s'arrête.. Est-ce qu'il me connaît ?.. Dites donc.... hé ?....

ARLEQUIN, *arrivant seul avec un serpent sous le bras.*

Bonjour, papa.

GILLES, *étonné.*

Il parle comme moi.... Est-ce que vous êtes de ces bêtes ?....

ARLEQUIN.

Au contraire, je suis une intelligence, c'est-à-dire un être savant, sonnant, résonnant ; en un mot, un musicien, et je suis le serpent de ma troupe.

GILLES.

Diable !

ARLEQUIN.

Comme vous dites.

GILLES.

Je ne suis plus étonné qu'une intelligence ne soit
pas faite comme moi.

ARLEQUIN.

Il n'y a pas grande différence.

GILLES.

Bah ! et ce visage noir ?....

ARLEQUIN.

Ce n'est rien ; c'est pour ma commodité que je suis
ainsi.

(N°. 3.) AIR : *Fidèle époux, franc militaire.*

> Par fois, en faussant la mesure,
> Je montrais que j'étais honteux ;
> Je me suis noirci la figure,
> Pour dérober ma honte aux yeux.
> Bien des gens, vous pouvez m'en croire,
> Et que j'en vois dans l'avenir !
> Voudraient une figure noire,
> Pour qu'on ne les vît pas rougir.

GILLES.

Ainsi, votre genre à vous, est de faire du bruit ?

ARLEQUIN.

Oui : et je viens vous offrir mes petits services.

GILLES

Ma foi, monsieur le serpent, vous arrivez à-propos
pour me distraire de mes plaisirs ; car, tenez, le monde

est bien beau ; mais est-ce que vous ne trouvez pas vous,
qu'il y manque quelque chose ?

ARLEQUIN.

Que voulez-vous dire ?

GILLES.

Mon bon ami, j'ai là un poids sur le cœur, dont il
faut que je me soulage.

(N°. 4.) AIR: *Quand les bœufs vont deux à deux.* (de Richard).

Ce matin, sous ces platanes,
Mon ami, j'ai vu deux ânes ;
Tout mon cœur a palpité.
O douceur inexprimable !
Ravi de voir son semblable,
L'un à l'autre s'est frotté.
Et fric, et fric, et fric, et froc ;
Moi je m'écrie ad hoc :
Les ânes vont deux à deux....
Que les ânes sont heureux !

ARLEQUIN.

Mon ami, vous l'êtes déjà plus que vous ne croyez..

GILLES.

Quoi donc ?

ARLEQUIN.

Heureux. — J'ai vu préparer là-bas un joujou comme
vous n'en avez jamais vu ; il marche, il voit, il parle,
il vous ressemble, mais il n'est pas pareil à vous.

GILLES.

En vérité !

ARLEQUIN.

Oui, mon ami, j'étais là quand on l'a fabriqué

(N°. 5.) AIR : *J'ai vu par-tout dans mes voyages.*

De mille fleurs fraîches écloses
J'ai vu les trésors réunis ;

J'ai vu de deux boutons de roses
Couronner deux touffes de lys ;
J'ai vu d'une feuille légère
Emprunter le chaste ornement.
J'ignore ce qu'on voulait faire ; } bis.
Mais ce qu'on a fait est charmant.

Pour animer ce bel ouvrage,
Par un accord peu naturel
J'ai vu de l'absynthe sauvage
Les sucs couler avec le miel ;
J'ai vu s'unir avec mystère
Le salpêtre, le doux aimant. . . ?
J'ignore ce qu'on voulait faire ;
Mais ce qu'on a fait est charmant ! } bis.

GILLES.

Ah ! mon dieu ! et comment cela se nomme-t-il ?

ARLEQUIN.

Je crois qu'on appellera cela une femme.

GILLES.

Une femme.... ce mot me revient assez. Et j'en ferai ?...

ARLEQUIN.

Ce que vous pourrez.

GILLES.

Je vous demande à quoi cela servira ?

ARLEQUIN.

A bien des choses.

(N° 6.) AIR : *Courons de la brune à la blonde.*

D'abord l'emploi de la femme
N'offrira rien d'important ;
La pauvre petite dame
Existera doucement ;

A 4

> Mais comme il faut qu'à la ronde
> Chacun s'égaye un moment,
> En gentillesses féconde
> Elle aussi s'égayera :
>> Elle aimera,
>> Haïra,
>> Séduira,
>> Trompera,
>> Filera,
>> Se battra,
>> Bâtira,
>> Brûlera,
>> Peuplera,
>> Détruira,
>> Sauvera,
>> Damnera
> Les deux moitiés du monde.

GILLES.

Tant de choses à la fois !

ARLEQUIN.

Ou l'une après l'autre.

GILLES.

(N°. 7.) AIR : *Il pleut, il pleut, Bergère.*

> O la bonne nouvelle
> Que vous me donnez là !
> Je cours près de la belle,
> Jouir de tout cela.
> Qu'on apprend à connaître
> De choses ici bas !
> D'honneur, avant de naître,
> Je ne m'en doutais pas.

ARLEQUIN.

Vous en verrez bien d'autres.

GILLES.

Où la trouverai-je !

ARLEQUIN.

Cherchez dans l'allée des myrthes.

(Gilles sort.)

SCÈNE III.

ARLEQUIN, LES MUSICIENS.

ARLEQUIN.

VOILA donc cet être par excellence pour qui l'on fait des joujoux, et qui m'est préféré parce qu'il n'a pas encore eu l'esprit d'être aussi laid que moi. Maudit esprit !.... Mais patience ; le piège où j'ai été surpris existe toujours, et sangodémi !..... Hola ! Astaroth, Barbaro, Raclando, Cacophonos, venez ici, petits..... (*Les musiciens entrent, en tenant divers instrumens*). Comment trouvez-vous ce luron que vous voyez là bas ?...

CHŒUR.

(N°. 8.) AIR : *Ah ! le bel oiseau !*

Ah ! le bel oiseau , vraiment ,
Pour le mettre à notre place !
Ah ! le bel oiseau , vraiment ,
Sans goût , sans voix , sans talent.

ARLEQUIN.

Mes amis , je suis content
De cette bruyante audace ;
Jurez sur cet instrument ....

LE CHŒUR.

Quoi ?

ARLEQUIN.

De lui donner la chasse.

CHŒUR.

Oui , jurons sur l'instrument ,
Qu'il nous cédera la place ;

Nous tiendrons notre serment.
Vive à jamais le serpent!

UN MUSICIEN.

Ah, ça, voyons; comment nous y prendrons-nous?

ARLEQUIN.

Ce sera suivant l'occasion. En attendant, il est utile d'être en force; parcourez les guinguettes des environs, et ramassez toutes les intelligences du métier que vous pourrez rencontrer.

UN MUSICIEN.

Tu veux donc faire bien du bruit?

ARLEQUIN.

Et n'est-ce pas avec du bruit qu'on fait tout ce qu'on veut?

UN MUSICIEN.

Quand on trouve des dupes.

ARLEQUIN.

J'en manquerai peut-être!

(N°. 9.) AIR *du vaudeville du Jokey.*

On se fait quelques partisans,
De bons amis, de bons apôtres;
On brille moins par ses talens,
Que par l'ignorance des autres;
Oui, le monde est ainsi construit;
Il prend des riens pour des merveilles;
Il ne faut pour faire un grand bruit,
Que trouver de grandes oreilles.

UN MUSICIEN.

Sauf correction, j'aurais cru qu'une partie de cabaret eût été un moyen....

ARLEQUIN.

Mais taisez-vous donc, musiciens que vous êtes ;
ce que je me propose vaut beaucoup mieux.

(N°. 10.) AIR : *On compterait les diamans.*

Allez, courez tout disposer,
Songez à remplir mon attente ;
Afin de mieux en imposer,
Soyez au moins deux cent cinquante.

UN MUSICIEN.

D'un tel orchestre quel effet
Veux-tu qu'ici l'on te promette !

ARLEQUIN.

Va, l'effet est toujours parfait
Quand d'avance on a la recette.

(*On entend une musique douce*).

UN MUSICIEN.

Diantre ! voilà une musique qui vaut presque la
nôtre.

ARLEQUIN.

Je le crois bien : elle nous annonce l'apparition de
l'innocence. Fuyez vite.

(*Arlequin et les musiciens s'enfuyent ; Colombine paraît
portée sur un pommier chargé de fruits*).

SCENE IV.

GILLES, COLOMBINE, *immobile dans le pommier.*

GILLES, *appelant les musiciens.*

Eh bien ! où allez-vous donc , vous autres ? Il s'est moqué de moi en me faisant courir après sa prétendue merveille. J'ai beau la demander par-tout , je ne trouve personne qui me réponde. (*Il apperçoit le pommier et Colombine.*) Oh ! le joli pommier ! il est venu là comme un champignon ; j'en suis bien aise , j'aurai du moins sous la main une poire pour la soif. Mon dieu , les belles pommes !

(N°. 11.) AIR *de la musette de la Rosière.*

Allons ,
Cueillons
Ce fruit qui me tente.

(*Colombine se détache de l'arbre , et fait un pas.*)

Mais quoi !
Vers moi
L'arbre vient, je croi ?

COLOMBINE.

C'est toi ?

GILLES.

Ma foi ,
La branche est parlante.

COLOMBINE.

Je sens ,
J'entends.

GILLES.

Ces fruits sont vivans.

Seriez-vous ?..

COLOMBINE.

Oui.... et vous ?

GILLES.

Moi aussi.

COLOMBINE.

C'est clair.

GILLES.

(N°. 12.) AIR : *Pour orner ta retraite.* (d'Anette et Lubin.)

Mon ame est satisfaite.

COLOMBINE.

Mon cœur est satisfait.

GILLES.

Pour moi vous êtes faite.

COLOMBINE.

Pour moi vous êtes fait.

GILLES.

C'est femme qu'on vous nomme ?

COLOMBINE.

Hélas ! je le sais bien.

GILLES.

Et moi, je suis un homme!

COLOMBINE.

Hélas ! je n'en sais rien.

GILLES.

Eh bien ! moi, je vous le dis , et je m'en tiens-là.

COLOMBINE.

Grand merci.

GILLES.

Ma bonne amie , je crois que nous allons bien nous
amuser ensemble.

COLOMBINE.

Je ne demande pas mieux.

GILLES.

Qu'est-ce que nous allons faire ?

COLOMBINE.

Ce qu'il vous plaira.

GILLES.

Oh ! dans ce cas... causons.

COLOMBINE.

Volontiers.... Qu'est-ce que tu as à me dire ?

GILLES.

Rien.

COLOMBINE.

Eh bien , ne causons plus.

GILLES.

Si nous nous promenions ?

COLOMBINE.

Promenons-nous.

GILLES.

Toi, par ici ; moi, par-là.

COLOMBINE.

Oh ! non, ensemble.

GILLES.

Ah ! c'est vrai , nous sommes ici pour ça.

(Ils se prennent par-dessous le bras, et font le tour du théâtre.)

COLOMBINE.

La promenade est bien jolie ; mais ne nous promenons plus.

GILLES.

Asseyons-nous.

(Ils vont s'asseoir.)

COLOMBINE.

Dis-moi, que faisais-tu quand tu étais tout seul ?

GILLES.

Je jouais tout seul.

COLOMBINE.

Eh bien , jouons tous deux.

GILLES.

Jouons.

COLOMBINE.

A quoi ?

GILLES.

Choisis, voilà mes joujoux.

COLOMBINE.

Qu'est-ce que je vois briller-là ?

GILLES.

Ah ! friponne , je te vois venir, ce sont des perles que j'assemblais pour me faire un collier ; tiens, ce sera pour toi , prends l'extrémité de cette liane , et fais comme moi.

(N°. 12.) AIR : *Un bandeau couvre les yeux.*

Commençons : une, deux, trois.

COLOMBINE.

Quatre, cinq, six, sept.

GILLES, *bâillant.*

                    Tu vois
Quels plaisirs sont les nôtres.

COLOMBINE.

Oui, c'est un jeu bien joli.

GILLES.

Huit, neuf, dix.

COLOMBINE.

                    Mon bon ami,
N'en sais-tu pas quelqu'autres ?

GILLES.

Attends, attends ; pour le coup, je crois avoir trouvé
quelque chose.

(N°. 14.) AIR : *Jupiter un jour en fureur.*

Hier, comme je m'ennuyais,
Tout seul j'inventai la main chaude ;
Tous deux, essayons-là sans fraude,
Mets toi là comme j'étais.
As-tu les yeux fermés ?

COLOMBINE.

                    Sans doute.

GILLES, *lui frappant dans la main.*

Dis-moi qui vient de frapper là ?

COLOMBINE.

Toi seul viens de frapper là.

                              GILLES.

GILLES.

Comment peux-tu trouver ça,
Lorsque tu n'y vois goute ?

COLOMBINE.

Ça m'est venu tout seul.

GILLES.

A ton tour, frappe. (*Il ferme les yeux et tend la main.*)

SCENE V.

LES MÊMES, ARLEQUIN, *frappe avec sa batte dans la main de Gilles.*

GILLES, *se relevant.*

Ouf !

COLOMBINE, *riant.*

Ah ! ah ! ah ! ah !

GILLES.

Oui, riez. Diantre, avec une mine si douce, vous avez déjà la main si rude ?

COLOMBINE.

Devine donc.

GILLES.

Pardine ; c'est malin, il n'y a que toi.

COLOMBINE, *montrant Arlequin.*

Et lui ?

GILLES, *à Arlequin.*

Ah ! ah ! vous vous en mêlez donc aussi ?

B

ARLEQUIN.

Il le faut bien, vous ne savez pas rire. Vous jouez comme deux enfans, tandis que vous auriez de si jolies choses à vous dire !

GILLES, *à Colombine.*

Pourquoi donc ne m'en dites-vous pas !

ARLEQUIN.

C'est votre faute ; une femme est bientôt aimable quand on sait lui inspirer le desir de l'être.

GILLES.

Bah !

ARLEQUIN.

Assurément.

(N°. 15.) AIR *du Zéphir:*

Aimer
Et charmer
Est un art ;
Le hasard ,
Rarement
Rend l'amant
Amusant ,
Séduisant.
Au cœur ,
La froideur
Bientôt naît ,
S'il ne sait
Par des jeux
Amoureux
Plaire aux yeux.
Naïf
Et craintif ,
S'avançant ,
Balançant ,
Hésitant ,
Et guettant
Pour accueil
Un coup-d'œil ;

Il vient,
Il revient,
S'enhardit,
Il bondit,
Il distrait,
Son jeu plaît;
Un souris
Est surpris,

Aimer, etc.

Alors plus tendre,
Il fait entendre
Par un soupir
Le desir
Du plaisir ;
Pressant,
Caressant,
Une main
Qu'en chemin
Il saisit,
Il finit
Par poser
Un baiser.

(*Il baise la main à Colombine.*)

Aimer, etc.

(*Gilles qui veut imiter les gestes d'Arlequin, se laisse tomber par terre.*)

ARLEQUIN, *le relevant.*

Prenez donc garde ; votre accident m'a fait trembler pour les races futures.

GILLES.

Mais qu'avez-vous donc pour être plus habile que moi ?

ARLEQUIN.

Ce qui vous manque.

B 2

COLOMBINE.

Je m'étais toujours bien doutée qu'il nous manquait quelque chose.

GILLES.

Puis-je savoir ?....

ARLEQUIN.

Volontiers. Ecoutez bien ceci : c'est important. Il existe un certain ingrédient nécessaire à votre bonheur, et sans lequel vous vous ennuyerez toujours ensemble ; cet ingrédient, c'est l'esprit.

COLOMBINE.

Où le trouve-t-on ?

ARLEQUIN.

Tout près d'ici. Levez les yeux. Voyez-vous cette branche qui domine l'arbre qui vous servit de berceau ? C'est là que gît l'esprit dans une belle pomme.

GILLES.

Tiens, l'esprit dans une pomme !

COLOMBINE.

C'est donc bien peu de chose !

ARLEQUIN.

Quelquefois ; mais hâtez-vous d'en prendre.

GILLES.

S'il ne tient qu'à prendre, prenons.

(Ils s'avancent vers l'arbre, au-dessus duquel paraît cette inscription : Tu auras de tout hors de l'esprit.)

GILLES, *lisant.*

Ah ! ah ! tu auras de tout hors de l'esprit.

ARLEQUIN, *à part.*

Peste soit de sa pancarte. (*Haut.*) Prenez donc, allez.

GILLES.

Oui, allez ; et ça ?

ARLEQUIN.

Eh bien ! c'est une lanterne.

COLOMBINE.

Sans doute, prenons toujours.

GILLES.

Non, certes, je ne prends rien.

(N°. 16.) AIR : *Il faut quitter ce que j'adore.*

Du sort respectons la défense.

COLOMBINE.

De quoi se mêle ici le sort !

GILLES.

Sans doute, il agit par prudence.

COLOMBINE.

Sa prudence me fait grand tort.

GILLES.

A l'esprit renonçons, de grace.

COLOMBINE.

L'esprit fait mon unique espoir.

GILLES.

Moi, qui suis homme, je m'en passe.

COLOMBINE.

Je suis femme, et j'en veux avoir.

B 3

GILLES.

Ma chère amie, ne donnons pas mauvais exemple aux gens qui nous regardent.

ARLEQUIN, *à part.*

S'il n'était pas là !...

GILLES.

Mon cher monsieur le serpent, ne me trompez pas ; peut-on se bien porter sans esprit ?

ARLEQUIN.

Cela se voit.

GILLES.

Sans esprit, peut-on faire ses quatre repas ?

ARLEQUIN.

C'est l'ordinaire.

GILLES.

Cet ordinaire là me suffit.

ARLEQUIN, *à part.*

Il faut me débarrasser de cet entêté. (*A Gilles.*) Mon bon ami, il fait bien chaud. J'ai là bas un petit melon qui vient de nouer ; faites-moi le plaisir d'aller mettre mon chapeau dessus.

GILLES.

Allez-y vous-même.

ARLEQUIN.

Vous n'aimez donc pas à rendre service ?

GILLES.

Au contraire.

ARLEQUIN.

Eh bien, écoutez. Aimez-vous le goujon

GILLES.

Fort.

ARLEQUIN.

Voilà le moment de pêcher; j'en ai vu de superbe dans l'étang voisin.

GILLES

Vrai ?

ARLEQUIN.

Comme vous êtes Gilles.

GILLES.

Eh bien , je n'en veux pas. (*A part.*) Ce drôle-là machine quelque chose.

ARLEQUIN, *à part.*

Peste soit de l'homme! il ne partira pas. Il faut recourir aux grands moyens. (*Il donne dans son serpent.*)

GILLES.

Que faites-vous donc ?

ARLEQUIN.

C'est une petite fête dont vous voudrez bien me permettre de vous régaler.

GILLES.

Pour des fêtes , j'en suis.

SCÈNE VI.

ARLEQUIN , GILLES , COLOMBINE , LE COMPOSITEUR , LES MUSICIENS.

Les musiciens arrivent sur une ritournelle , et en jouant de leurs instrumens.

ARLEQUIN.

Silence. Intelligences sonores , vous qui soufflez, résonnez, tonnez et détonnez *per totam terram* , un moment, soyez d'accord, écoutez - moi. (*Montrant Gilles.*) Vous voyez l'être par excellence. (*A part aux musiciens.*) C'est un sot. - Le premier de sa famille et de bien d'autres, — Si on le lui permet. — Le suzerain prédestiné de cette jeune beauté, — que je veux lui souffler. - Il s'agit ici de lui donner une preuve éclatante de mon affection — pour sa compagne ; et je vous ai appelés pour aviser aux moyens de l'amuser. — de l'endormir.

COLOMBINE, *à Gilles.*

Le bon petit serpent ! comme il nous aime !

ARLEQUIN.

Gilles, placez-vous.

LE COMPOSITEUR, *à Arlequin.*

Ah ça, comment allons-nous nous y prendre ?

ARLEQUIN.

C'est ce que je ne sais pas. Le sommeil n'existe pas encore ; mais il existera.

(N°. 17.) AIR : *Toujours debout, toujours en route.*

Cherchons dans les races futures
Des recettes promptes et sûres ;
Pièces, concerts, et cœtera,
Dont la vertu soporifique,
Offre le meilleur narcotique.
Le vieil Hécube, à l'opéra,
Du premier mot l'endormira ;
Mais il faudra qu'il se réveille,
Si Gluck vient lui charmer l'oreille.
Thésée a dans son dénoûment,
Un somnifère assez puissant,
Mais dans le temple de Molière
Le sommeil ne séjourne guère.
Aux Italiens, la Nuit d'été,
Pour un mois l'aurait alité ;
Mais avec l'opéra comique,
Au sommeil il ferait la nique :
Il dormirait bien à Feydeau ;
Mais on n'y voit plus Ziméo.

La seconde Dansomanie,
Ne vaincrait pas son insomnie.
Ainsi, par un destin fatal,
Près du bien je trouve le mal,
Et vainement de scène en scène,
Dans l'avenir je le promène.
Ah! pour l'endormir *subito*,
Que n'ai-je un Oratorio!

LE COMPOSITEUR.

En voilà un.

ARLEQUIN.

Bon!

LE COMPOSITEUR.

Et tu prétends l'endormir par un Oratorio?

ARLEQUIN, *bas*.

Sans doute. Un imbécille sans goût, sans connais-
sances.

LE COMPOSITEUR.

C'est juste.

ARLEQUIN.

Mais, d'où tiens-tu cet Oratorio?

LE COMPOSITEUR.

(N°. 18.) AIR : *Avec les Jeux dans le Village.*

J'ai dans le cours d'un long voyage,
Déterré la Création,
Et je suis de ce bel ouvrage
L'auteur par procuration.
Je ne sais pas en faire accroire,
Peu de chose ici me suffit;
A l'auteur je laisse la gloire;
Je me contente du profit.   (*bis.*)

ARLEQUIN.

C'est dit.

(N°. 19.) AIR : *Guillot un jour trouva Lisette.*

Ton offre ne sera pas vaine :
Tu ne pouvais arriver mieux.
Ah! pour me tirer de ma peine,
Combien cet œuvre est précieux!

> C'est un sujet de circonstance.   (*bis.*)
> Il est pour nous fort à-propos
> Que la création commence
> Lorsque nous sortons du cahos.   (*bis.*)

Allons, exécutons.

GILLES, *à Colombine.*

Ma bonne amie, nous allons exécuter.

LE COMPOSITEUR.

Que parles-tu d'exécuter ? est-ce que tu crois qu'on monte un Oratorio comme une décoration !

ARLEQUIN.

Et que faut-il donc ?

LE COMPOSITEUR.

Il faut un chanteur, où le trouver ?

ARLEQUIN.

Dans ma poche.

UN MUSICIEN.

A quoi bon des externes quand on a des pensionnaires ?

ARLEQUIN.

Laissez donc, vous êtes trop connus vous autres.

(N°. 20.) *Nous sommes Précepteurs d'Amour.*

> Quand j'annonce du merveilleux,
> Il me faut des sujets étranges ;
> Vous savez bien jouer les dieux,
> Mais non chanter comme des anges.

Allons, une boulette. Une mesure d'ariette, une reprise de rondeau ; le tout détrempé dans deux larmes de romance.

UN MUSICIEN.

Voilà bien des préparatifs pour un chanteur.

ARLEQUIN.

C'est que celui-là n'est pas un chanteur comme un autre.

(N°. 21.) *C'est le meilleur Homme du Monde.*

> Fidèle interprète du cœur ,
> Toujours heureux dans son délire,
> Il gémit avec la douleur ,
> Avec l'amour sa voix soupire.
> Des doux prestiges de son chant
> En vain on voudrait se défendre ;
> On le critiquera souvent ,
> Mais toujours on voudra l'entendre.

(*Il jette une boulette dans la coulisse en disant :*)

Un chanteur.

(*L'Orchestre joue la ritournelle de l'air : Enfant chéri des Dames.*)

SCENE VII.

LES PRÉCÉDENS, UN CHANTEUR.

LE CHANTEUR.

RÉCITATIF.

De me voir en ces lieux je suis tout étonné.
Où suis-je ! que veut-on ! et pourquoi suis-je né !

(N°. 22.) AIR : *Enfant chéri des Dames.*

> Je voudrais me connaître ,
> Lire dans l'avenir.
> J'ignore encore mon être ;
> Qui peut le définir?   (*3 fois.*)

MAJEUR.

Lorsque j'arrive à l'existence,
Je ne puis me juger encor ;
Mais l'instinct m'avertit d'avance
Que je dois prendre un noble essor.
J'aurai surtout pour la cadence   } *bis.*
Le goût le plus particulier.

Le rondeau, la romance,
Feront fortune en France
Par les fredons de mon joli gosier.
Quel plaisir de connaître
Mon brillant avenir !
Je suis vraiment un être
Charmant à définir.

MINEUR.

Si le Censeur caustique
Sur moi veut s'essayer,
Si l'austère critique   } *bis.*
T'entait de s'égayer,
Je saurai les surprendre
Par un air d'Opéra,
Et charmé de m'entendre
Bientôt on s'écriera :   *ter.*
En m'écoutant, oui, chacun s'écriera :
Quel plaisir de connaître
Son brillant avenir !
Ah ! c'est vraiment un être
Charmant à définir.   *ter.*

ARLEQUIN.

Mon ami, tu vas être ici le premier homme du monde.

GILLES, *se levant en colère.*

Et moi donc, qu'est-ce que je serai ?

LE CHANTEUR, *riant en appercevant Gilles.*

Ah, ah, ah, ah, ah.

GILLES.

C'est que je ne prétends pas....

ARLEQUIN.

Rassurez-vous : ce n'est qu'en chansons.

GILLES.

Comment en chansons ?

ARLEQUIN.

Oui : dans quelques mille ans d'ici on mettra votre histoire en vaudevilles, et c'est lui qu'on prendra pour vous représenter.

GILLES.

Est-ce parce que les deux basques de son habit tombent aussi bas que ma veste ?

LE CHANTEUR.

Eh bien, il est joli celui-là ! il ne voit pas que c'est moi qui ai inventé cette mode.

ARLEQUIN.

Diantre !

LE CHANTEUR.

Sans doute, j'ai trouvé cela en cherchant un motif de romance.

ARLEQUIN.

Vraiment

LE CHANTEUR.

Parole.

(Nº. 23.) Air : *Je t'aime tant, je t'aime tant.*

> De la nature enfant gâté,
> D'être original je me pique,
> Et je hais la simplicité
> Dans la mode et dans la musique.
> De ma méthode on est surpris :
> Mais c'est par elle que je brille.
> Je donne des airs aux habits,
> Et tous les airs je les habille.

Avec qui chanterai-je ?

ARLEQUIN, *montrant Colombine.*

Nous n'avons pas besoin d'aller chercher une autre Virtuose.

COLOMBINE.

Moi?

ARLEQUIN.

Qui pourrait mieux remplir votre rôle que vous-même? Allons, le Cahos.

(*L'orchestre joue quelques mesures d'un air baroque.*)

Créons.

GILLES.

Qu'est-ce que c'est que créer?

ARLEQUIN.

De grâce ne nous interrompez pas. Le moment est solemnel.

GILLES.

Mais si la fête est pour moi, encore faut-il bien que je sache ce dont il s'agit.

ARLEQUIN.

Eh bien, voici ce que c'est.

(N°. 24.) AIR : *Avec les jeux.*

Créer est certain tour d'adresse
Que par-tout on saura fort bien ;
C'est par puissance ou par finesse,
Faire quelque chose de rien.

GILLES.

Ah! si cette métamorphose,
Consiste ainsi que vous croyez
A faire de rien quelque chose,
Combien je vois de gens créés!

ARLEQUIN, *à Colombine.*

A vous, ma bone amie ; chantez les merveilles qui vont éclore.

COLOMBINE.

(N°. 25.) AIR : *Mon ame est contente,* (de Tulipano.)

L'amour fait éclore
Cent charmes divers :
C'est lui qui décore
Ce brillant univers :
C'est le flambeau du monde,
Et sa chaleur féconde
A la fois peuple l'onde,   } *bis.*
La terre et les airs.

(*Majeur*)

Par lui, le poisson sait nager ;
Par lui, l'oiseau sait voltiger.
A la vive gazelle,
Il donne un pied léger.
L'aigle fend de son aile
Le céleste manoir,
Et l'humble tourterelle
Gémit sans le savoir.

L'amour fait éclore, etc.

Aux hôtes des champs et des bois,
Il a dicté ces douces lois :
Que le plaisir vous guide,
Petits, devenez grands ;
Quittez l'aile timide
Des sévères mamans :
C'est moi seul qui préside
Aux plaisirs des amans.

L'amour fait éclore, etc.

GILLES, *à Colombine.*

Ma bonne amie, entends-tu quelque chose à tout ce que tu as dit ?

COLOMBINE.

Pas un mot.

GILLES.

Ni moi.

ARLEQUIN.

Allez donc, allez donc.

LE CHANTEUR.

(N°. 26.) AIR : *Je ne vous dirai pas j'aime.*

Je dois dire ce que j'aime ;
C'est la lune et le soleil.

COLOMBINE.

Ainsi que vous je les aime ;
Je n'ai rien vu de pareil.

LE CHANTEUR.

L'aurore est belle, et je l'aime.

COLOMBINE.

J'ai grand plaisir à la voir ;
Ma's quand on peut dire : *j'aime*,
On aime bien mieux le soir.

LE CHANTEUR.

Aimes-tu les fleurs ?

COLOMBINE.

Oui, j'aime les fleurs.

LE CHANTEUR.

Aimes-tu les fruits ?

COLOMBINE.

Oui, vraiment, j'aime les fruits.

LE CHANTEUR.

Mais les fleurs sans toi . . . ?

COLOMBINE.

Mais les fruits sans toi . . .

LE CHANTEUR.

Je te jure.

COLOMBINE.

COLOMBINE.

Je t'assure:

ENSEMBLE.

Ne sont rien pour moi.

ENSEMBLE.

Ah ! qu'il est doux quand on aime,
D'éprouver un goût pareil,
Et de dire ensemble : j'aime
Et la lune et le soleil !
Ensemble de dire : j'aime
L'aurore si belle à voir,
Et de sentir quand on aime,
Qu'on aime bien mieux le soir.

(Gilles baille.)

CHŒUR DES MUSICIENS.

FUGUE.

Gloire au soleil, à la lune ;
Vive les jours et les nuits,
L'aurore et la brune,
Les fleurs et les fruits ;
Gloire et louange opportune.

(Gilles s'endort.)

ARLEQUIN, *aux musiciens.*

A la grande fugue, morbleu ! à la grande fugue,

Les musiciens sortent en courant.

LE CHANTEUR.

Comment ! ils s'en vont ! Je vous déclare que je ne
chante pas sans être accompagné.

ARLEQUIN.

Eh bien , accompagne-les.

Le chanteur sort.

C

SCÈNE VIII.

ARLEQUIN, COLOMBINE, GILLES, *endormi au pied de l'arbre.*

COLOMBINE.

Quoi, tous !

ARLEQUIN.

C'est fini.

COLOMBINE, *montrant Gilles.*

Ah, ah... Et lui ?

ARLEQUIN.

Ce n'est rien.

COLOMBINE.

Comment rien !... Gilles , Gilles.

ARLEQUIN.

Oui , oui ; appelle... appelle... un Oratorio !

COLOMBINE.

(N°. 27.) Air : *Cœurs sensibles, cœurs fidèles.*

Quelle faiblesse inconnue
A saisi mon doux ami !
De grace, à mon ame émue,
Daignez expliquer ceci.
Il ne bouge , il ne remue...
Que peut-il donc faire ainsi ?

ARLEQUIN.

Ma chère , il fait le mari.

C O L O M B I N E.

Ah ! mon dieu, est-ce qu'on ne peut pas être mari sans être comme ça ?

A R L E Q U I N.

Presque pas : il y aura très-peu d'exceptions.

C O L O M B I N E.

Oh , je vous prie , faites que mon ami ait une exception.

A R L E Q U I N.

Cela dépend de vous.

C O L O M B I N E.

Que faut-il faire ?

A R L E Q U I N.

La prendre. Elle est là. (*Il montre le pommier.*)

C O L O M B I N E.

Dans la pomme ?

A R L E Q U I N.

Oui : elle renferme l'esprit , et il n'y a que l'esprit qui mette à l'abri de ces accidens.

C O L O M B I N E.

Et un bon esprit comme celui-là est défendu ! Gilles, Gilles. (*Elle lui frappe dans la main.*)

A R L E Q U I N.

Oui , oui , tape tape.... un Oratorio !

C O L O M B I N E.

Il faut convenir que voilà une défense bien bisarre.

ARLEQUIN.

Oh, vous ne savez pas encore tout ce qu'elle vous garde. (*Montrant Gilles.*) Voyez son état. Il ne voit pas ; il n'entend pas. Son ame semble fermée à tous les sentimens ; et vous êtes menacée d'un sort pareil, à moins que l'esprit...

COLOMBINE.

Si j'en avais, comment serais-je donc ?

ARLEQUIN.

Vous êtes la première des femmes , vous seriez la première des belles.

COLOMBINE.

Tout de suite ?

ARLEQUIN.

Oh, le charme est unique; la possession de la pomme donne à l'instant un nouvel être : mais vous ne serez parfaite , que lorsque quelqu'un l'aura partagée avec vous.

COLOMBINE.

Je ne vous comprends pas.

ARLEQUIN.

Ecoutez : vous vous rappelez du bosquet dans lequel vous êtes née ? Il était émaillé de fleurs ; parmi ces fleurs il en est une dont voici la destinée.

(N°. 28.) Air : *Sans peine à l'accent je comprends.*

> La rose au matin sans couleurs
> Brille à peine dans la prairie :
> Mais elle est la reine des fleurs
> Sitôt qu'elle est épanouie.

GILLES.

Quoi donc?

COLOMBINE.

La faculté de satisfaire tous vos desirs.....

GILLES.

Tous mes desirs!

COLOMBINE.

D'avoir sans cesse à votre portée les mets les plus délicats,

GILLES, *prêt à céder.*

Les mets les plus délicats.... oh..... je ... oui.... (*Se reprenant.*) Non, non, non.

COLOMBINE, *d'un air impérieux et colère.*

Comment, non!... et moi, je vous l'ordonne. Vous êtes fait pour m'obéir,..... cédez, vous dis-je, ou tremblez.

GILLES.

Je ne céderai pas.

COLOMBINE.

Ingrat....... (*Elle va s'asseoir de l'autre côté du théâtre, tire son mouchoir et feint de pleurer.*) et je croyais être aimée! et j'avais la faiblesse de me sacrifier pour lui!

GILLES, *ému.*

Plaît-il!

COLOMBINE, *avec sensibilité.*

Va, mon plus grand chagrin n'est pas d'essuyer tes refus,...

GILLES.

Elle pleure.

COLOMBINE.

Mais de perdre l'erreur qui me faisait croire à ton amour.

GILLES, *criant.*

Ma bonne amie!.....

COLOMBINE.

Non, c'en est fait.... le coup est porté.

GILLES, *criant plus fort.*

Ma bonne amie !

COLOMBINE.

Il n'est plus tems.

GILLES.

Donne-moi cette pomme. (*Colombine lui laisse prendre la pomme en riant sous cape.*)

GILLES, *tenant la pomme.*

(N°. 30.) AIR : *O ma tendre musette !*

Le malheur qui m'opprime
M'a promis au destin
Pour première victime
Du sexe féminin.
L'univers me contemple :
Il m'attend : et je vois
Que pour donner l'exemple
Il faut que je le sois.

(*Il partage la pomme ; aussitôt son visage devient tout noir. Colombine pousse un cri. Une fanfare éclatante se fait entendre.*)

SCÈNE X ET DERNIÈRE.

TOUS LES PERSONNAGES.

GILLES.

QUE signifie ce bruit !

ARLEQUIN.

C'est ma troupe qui célèbre mon triomphe. (*A Co-*

lombine.) Mon stratagème a réussi. Mon rival est aussi laid que moi. J'ai autant d'amour et plus de talent : choisissez.

COLOMBINE.

Mon petit ami, vous êtes trop fin pour moi, et je garde mon Gilles. Noir pour noir, je préfère celui qu'un méchant a noirci, à celui que noircit sa propre méchanceté.

GILLES.

Attrape.

LE CHANTEUR, *à Arlequin.*

C'est donc pour rire de toi que tu nous as ramenés ici?

ARLEQUIN.

Va-t-en au diable.

LE CHANTEUR.

Non pas. Je pars pour l'Allemagne ; et pour y être bien reçu, j'emporte l'Oratorio avec moi.

VAUDEVILLE.

(N°. 31.) *Air du vaudeville du Jockey.*

LE CHANTEUR.

Je vais apprendre à son auteur
Que le temple de Polymnie
Par l'hommage le plus flatteur
A vu consacrer son génie.
Sur l'objet de ma mission,
Je ne crains pas que l'on me fronde ;
L'auteur de la création
Est le premier homme du monde.

ARLEQUIN.

Au sein des plus affreux hasards,
Pour nous toujours le ciel conserve

Le héros favori de Mars
Et digne élève de Minerve.
Le peuple, enivré des succès
Sur lesquels son bonheur se fonde,
Dans celui qui fera la paix
Voit le premier homme du homme.

GILLES.

En observant la nullité
De tant de gens que l'on renomme,
Je me trouve souvent tenté
De me croire le premier homme ;
Mais rencontrant à chaque pas
Les dupes dont la terre abonde,
Je suis bien sûr de n'être pas
Le premier Gilles de ce monde.

ARLEQUIN.

Modèle d'esprit, de beauté,
La première femme qu'on cite
Pécha par curiosité,
Et n'en eut pas moins de mérite.
Sur l'exemple qu'elle a transmis,
Chez nous le beau sexe se fonde :
Paris est vraiment le pays
Des premières femmes du monde.

COLOMBINE. *au public.*

Si d'un sujet trop sérieux
L'auteur a fait un badinage,
C'est que la peur d'être ennuyeux
Ne lui permit pas d'être sage.
Pour avoir peint d'un ton léger
Une faute en malheurs féconde,
Ne lui faites point partager
La première chûte du monde.

FIN.

www.ingramcontent.com/pod-product-compliance
Lightning Source LLC
LaVergne TN
LVHW021047050726
842519LV00003B/1044